Moïse ILOKO KITUMBAMOYO

LES CHOSES qui fragilisent et détruisent LES FIANÇAILLES

(Tome 2)

Moïse ILOKO KITUMBAMOYO

LES CHOSES qui fragilisent et détruisent LES FIANÇAILLES (Tome 2)

Éditions Croix du Salut

Cover image: www.ingimage.com

Publisher:
Éditions Croix du Salut
is a trademark of
Dodo Books Indian Ocean Ltd., member of the OmniScriptum S.R.L Publishing group
str. A.Russo 15, of. 61, Chisinau-2068, Republic of Moldova Europe
Printed at: see last page
ISBN: 978-620-3-84275-3

Evangéliste

Moïse ILOKO KITUMBAMOYO

LES CHOSES ...
Qui fragilisent et détruisent les FIANCAILLES

(Tome 2)

Les citations bibliques, sauf indication contraire, sont tirées de la version Louis Segond.

Tél. : +243 974 648 774 / 815 780 058
Ilokomoise20050@gmail.com

« Le diable est un avorteur des destins ».

Apôtre **Roland DALO**

« Si un jour ta chair te sollicite de suivre une mauvaise voie, dis-lui: toi, vas-y, mais sans moi ».

Apôtre **Marcelo TUNASI**

« Il faut arrêter les fréquentations amoureuses dès que l'on se rend compte qu'elles ne peuvent pas mener aux fiançailles et aboutir un mariage ».

Evangéliste **Moïse ILOKO**

DEDICACE

A mon épouse, **Furaha MANEGABE Adonis**, qui se tient toujours à mes côtés m'accompagnant et me soutenant dans le ministère.

***

REMERCIEMENTS

Écrire un livre n'a pas pour but de remplir des pages à l'aide d'histoires, mais c'est tout d'abord une question de fardeau et de message.

Je remercie de prime à bord le Saint-Esprit, lui qui m'a téléchargé les mots et les phrases justes lors de l'élaboration de cette chand 'œuvre sur : **Les choses qui fragilisent et détruisent les fiançailles** (Tome 2).

Je fais parvenir mes reconnaissances, à mon Père spirituel, Bishop **Sakodi PETRO,** je l'appelle aussi « *kamikaze de l'évangile* ». Un père qui m'a marqué par sa simplicité, par son humilité, par sa crainte de l'Eternel et par son dévouement dans le ministère Pastoral. Il m'a forgé à la lumière des écritures saintes.

Je remercie en outre tous les hommes de Dieu qui, sans qu'ils le sachent ont influencé mon ministère. Il s'agit de mes mentors spirituels: l'apôtre **Shora KWETU**; le Prophète **Joël Francis Tatu**; l'Apôtre Roland DALO; l'Apôtre **Marcelo TUNASI** et Pasteur **Espérance MBAKADI**.

Enfin, à l'église Mission Evangélique pour le Réveil International du Salut des Ames (M.E.R.I.S.A), mes affectives reconnaissances pour sa présence, son soutien et sa fidélité constante à ma personne et surtout pour le grand amour qu'elle ne cesse de me témoigner.

***

INTRODUCTION

Le mariage est précédé par un période de fiançailles qui est parsemée de pièges. Tant de jeunes fiancés et non fiancés ignorent que satan est un expert dans l'art de construire des pièges. Les fiançailles mal vécues risquent de compromettre gravement tout l avenir chrétien dans la vie conjugale.

Qu'est-ce que les fiançailles ?

Pour éviter tous les malentendus, il nous faut tout préciser le sens des termes « *être fiancés à* » et « *fiançailles* ». L'expression «*être fiancé à* » vient du grec « *harmozo* » et se traduit par «*se joindre à quelqu'un*». Autrement dit, Se fiancer c'est se promettre librement et fermement l un à l'autre en vue du mariage.

Et on appelle « *fiancés* » un jeune homme et une jeune fille qui se sont sérieusement promis pour le mariage. Qu'on soit fiancé officiellement ou non, cela ne change rien à l'essentiel de la chose: on s'est fiancé dès lors qu'on s'est promis de se marier dans un délai raisonnable.

Le mot « *fiançailles* » est à prendre au sens de « *promesse de mariage* ». En pratiquement on désigne par fiançailles soit l'acte *(officiel ou privé)* par lequel un jeune homme et une jeune fille s'engagent à se marier l'un avec l'autre, soit toute la période qui sépare cette promesse mutuelle du mariage lui-même.

Voyons dans les pages suivantes les choses qui fragilisent et détruisent les fiançailles.

***

Chapitre 1

L'IGNORANCE OU LA MAUVAISE COMPREHENSION DE GENESE 2:24

Dans Genèse 2:24, Dieu dit dans sa parole, «*C'est pourquoi l'homme* ***quittera*** *son père et sa mère, et* ***s'attachera*** *à sa femme, et ils* ***deviendront*** *une seule chair*».

Nous l'avions dit ci haut, les fiançailles sont un temps qui prépare au mariage. Cette période de préparation pour son aboutissement doit passer par les trois (3) étapes, qui constituent la base d'un mariage heureux.

Nous trouvons dans le passage ci-dessous (3) verbes conjugués. Il y a le verbe: «*quitter, s'attacher et devenir*». Expliquons-les successivement:

1. QUITTER

Le mot «*quitter*» veut dire: « laisser quelqu'un quelque part, se séparer de lui. Oter quelque chose, s'en dépouiller, s'en débarrasser, s'en aller. Se retirer de quelque part, abandonner une chose, y renoncer, se désister, sortir, s'éloigner, etc. »

La Bible dit que l'homme quittera. Comme mari, l'homme doit être en mesure de pourvoir de toute manière à ta future famille. C'est au mari que revient la responsabilité de la famille. Il est la tête, il est le chef. D'où cette exigence d'être en mesure de « quitter ».

« La capacité de procréer n'est pas le feu vert qui détermine la décision de quitter ses parents ».

La décision de quitter ses parents doit trouver le moment opportun (propice, favorable). De ce faite, trois (3) questionnements doivent être posés :

1) Suis-je muri de l'intérieur ?

La décision de se fiancer ou de se marier doit être muri (médité, réfléchi). Il faut une maturité intérieure à la fois intellectuellement et spirituellement. Cela implique au minimum que la puberté soit achevée.

« Le mariage n'est pas fait pour des personnes immatures. Les enfants ne peuvent être élevés par des enfants ».

2) Suis-je capable d'assumer les responsabilités ?

C'est une question importante. La Bible dit, « *Prépare ton ouvrage au-dehors, et met en état ton champ, et après, bâtis ta maison* » Proverbes 24:27.

Vous devez être capables d'assumer et prêts à assumer des responsabilités. Pour pouvoir conclure un mariage, il faut une certaine maturité. Il faut être en mesure de quitter l'environnement qu'on a eu jusqu'ici (le foyer parental dans la plupart des cas), et être en mesure de se détacher émotionnellement de ses parents.

En d'autre termes, il faut donc acquérir une personnalité autonome d'adulte ; de pouvoir marcher sur ses propres jambes à la fois financièrement, économiquement que mentalement et spirituellement.

« Une personne qui n'est pas prête à quitter ne sera non plus prête à s'attacher ».

3) Suis-je capable d'aimer véritablement ?

Il est difficile, voire impossible, de définir cet amour. Il est dit que Dieu est amour. C'est la raison pour laquelle on ne peut pas réellement expliquer cet amour. Mais on peut voir comment il se manifeste:

- L'amour est un état d'esprit, une disposition intérieure ;
- L'amour signifie que les intérêts de mon (ma) conjoint (e) prévalent sur les miens ;

- L'amour se montre en donnant ; il se montre dans les faits, dans le dévouement, dans l'intérêt et dans la compréhension de l'un pour l'autre ;
- L'amour signifie qu'on s'aide l'un l'autre ;
- L'amour signifie qu'on reste fidèle ;
- L'amour signifie qu'on est prêt à se sacrifier, qu'on peut se pardonner ;
- L'amour se montre en ce qu'on donne à l'autre protection et sécurité.
- L'amour implique qu'on est prêt à servir l'autre ;
- Etc.

Sans amour véritable, aucunes fiançailles, aucun mariage ne peut fonctionner. L'égoïsme n'a pas de place dans l'amour. Lorsque vous vous fiancez c'est pour aller jusqu'au mariage et on ne se marie pas pour divorcer par la suite. Le divorce est dû à un manque de préparation au mariage et à l'incapacité, pour les deux conjoints, d'apprendre à fonctionner ensemble, comme une équipe, dans une relation d'intimité. C'est pourquoi le temps de fiançailles (temps préparatoire) est un temps si important. C'est un temps de vigilance.

Le temps de fiançailles est en même temps un temps où l'on apprend à mieux se connaître, où l'on apprend à s'aimer comme il faut. Le processus de s'attacher à son conjoint commence.

« Plusieurs jeunes pensent que l'amour se résume sur le rapport sexuel. Les fiançailles ne sont pas la génécologie moins encore la sexologie ».

2. S'ATTACHER

Le mot «*s'attacher*» veut dire: « S'appliquer vivement, s'intéresser à une chose. Fixer une chose ou une personne à un autre, en sorte qu'elle y tienne. Joindre, lier à quelqu'un, à quelque chose d'une façon durable. S'adhérer l'un à l'autre ; devenir une unité, etc».

Celui qui aime démontre son attachement à l'autre. Et cet attachement doit s'extérioriser par des preuves d'amour.

Lorsque Dieu a endormit Adam, il lui a retiré une de ses côtes. C'était pour que Eve soit compatible à Adam. Dieu a effectué une chirurgie qui était une preuve d'amour d'Adam pour Eve. La chirurgie laisse des traces ou marques visibles sur le corps d'une personne.

Mais ce que j'aime par la chirurgie de Dieu, c'est qu'elle laisse une marque, un témoignage de là où l'opération s'est passée. Si à son réveil, Adam n'a rien vu ni constaté; Dieu l'avait encré dans son esprit.

Dans les fiançailles, il faut qu'un attachement soit visible. C'est un attachement qui devient public devant Dieu et devant les hommes. Elle est réalisée dans notre société actuelle par la remise de la Dot, l'inscription dans le registre de l'état civil et la célébration à l'Eglise locale. C'est seulement après et non avant que les deux seront une seule chair.

C'est une preuve d'amour par des actes extérieurs d'attachement. Comme la preuve d'amour d'Adam a été prouvé par le retrait de la cote opéré par Dieu lui-même. C'est pourquoi bien que Dieu eut chassé Adam et Ève du jardin d'Éden. Adam n'avait pas eu l'intention d'abandonner son épouse Ève. Parce qu'il y avait un témoignage, une marque, une trace tellement forte dont lui-même ne pouvait imaginer l'essence.

3. DEVENIR

Le mot «*devenir*» veut dire « une situation à venir, évolution future de quelque chose ou de quelqu'un. Mouvement par lequel une chose, un être se forme et se transforme. Commencer à être ce qu'on n'était pas ; passer d'une situation, d'un état à un autre ».

Les fiancés doivent devenir une seule chair que dans le mariage. C'est dans le mariage qu'on devient ensemble sexuellement non seulement pour la reproduction, mais aussi quant à l'esprit, l'âme et le corps.

Les fiançailles ont pour objectif m'amener les fiancés au mariage c'est-à-dire à devenir une seule chair. Le mariage rend parfait «*l'unité du corps, de l'âme et de l'esprit*». Il n'a plus de marche arrière. Le mariage mélange (fusionne) l'homme avec la femme.

« On ne se marie pas pour divorcer par la suite. Le mariage n'est pas une promenade de vacances ».

Chapitre 2

LES PRÉCIPITATIONS DANS LES FIANÇAILLES ET AU MARIAGE

Nous vivons une époque où tout va vite. Les hommes ont de moins en moins le temps pour bien faire les choses. Il en ait de même dans le domaine des fiançailles.

Dans toutes les décisions de la vie il faut prendre le temps de réfléchir et de peser le pour et le contre. Il est mieux de rester non marié que d'être mal marié.

Plusieurs fiançailles avortées sont dues à l'impatience et aux précipitations. Malheureusement, malgré cela, les jeunes constituent toujours à se précipiter dans les fiançailles et dans le mariage en étant peu, voire aucunement, préparés.

Voilà pourquoi, avant de vous fiancer à une personne, commencé par l'étape de la fréquentation c'est-à-dire « entretenir une relation suivie avec une personne du sexe opposé dans le but de mieux la connaître ».

« Les fiançailles et mariage ne sont pas une course. Soyez patient, ne vous précipitez pas ».

Plusieurs fiançailles sont fragilisées voire détruites parce que les fiancés ne se sont pas posés cette question: « Sommes-nous compatibles sur les plans spirituel *(unité)*, intellectuel *(sujets de conversation, intérêts)*, moral (valeurs), social *(choix des amis)*, culturel *(goûts)*, émotionnel *(façon de réagir, maîtrise de soi)* ».

Comme nous l'avions dit précédemment, Le temps de fiançailles est en même temps un temps où l'on apprend où l'on apprend à mieux se connaître, où l'on apprend à s'aimer comme il faut.

La Bible dit, « *Un homme fidèle, qui le trouvera ?* » Proverbes 20:6. « *Une femme vertueuse ! Qui la trouvera ?* » Proverbes 31:10. Ces questionnements ne peuvent qu'avoir de réponses que dans la patience à la recherche d'un (e) véritable fiancé(e).

« Dans les fiançailles nous devons savoir que le temps choisi par Dieu n'est pas toujours celui qui répond à nos désirs ».

Beaucoup de jeunes filles ne sont pas spirituels, lorsqu'une relation de fiançailles dures des années ; elles abandonnent et rechercher des nouvelles relations. Les précipitations poussent tant à faire des mauvais choix.

Lorsque qu'on reçoit une promesse de Dieu qui semble tarder, il faut l'attendre patiemment. «*L'Éternel m'adressa la parole, et il dit : Écris la prophétie : Grave-la sur des tables, afin qu'on la lise couramment. Car c'est une prophétie dont le temps est déjà fixé, elle marche vers son terme, et elle ne mentira pas ; Si elle tarde, attends-la, car elle s'accomplira, elle s'accomplira certainement*» Habacuc 2:2-3.

- **Témoignage**: Lorsque je préparais mon mariage ; j'avais planifié de la manière dont les cérémonies seront déroulées. Malheureusement, mes projets de mariage avaient échoué au moins deux à trois fois. C'était frustrant surtout pour ma fiancée car, toute sa famille en était au courant des dates. Elle était découragée de savoir que j'avais tout reporté et cela avait réduit l'affection qu'on avait l'un à l'autre.
  Il y avait beaucoup de critiquer des gens de la famille et de l'extérieur pour nous pousser à abandonner mais nous avions patienté malgré tout jusqu'à la célébration de notre mariage.

J'ai constaté que la crainte de perdre la dernière occasion amène beaucoup de filles à se précipiter dans un mariage malheureux. Malheureusement, plusieurs parents par la cupidité sont devenus des commissionnaires. Ils sont prêts à faire pousser leur enfant au mariage à cause de l'argent.

1. Le temps de se connaître

Les fiançailles sont une promesse. Pendant cette période, l'homme et la femme apprennent à se connaître mieux. C'est dans cette période qu'on cherche à découvrir certaines preuves d'amour et de sympathie on peut signaler entre autres: « le désir de se revoir; la joie de se retrouver et de causer ensemble; une inclination fréquente de sa pensée vers l'autre; le souci des problèmes et des préoccupations de l'autre, etc...

Refuse de continuer les fiançailles avec un partenaire s'ils n'éprouvent l'un pour l'autre aucune sympathie pour vous.

« Prends ton temps, beaucoup de temps si nécessaire dans ton afin de connaitre l'autre ».

- **Combien de temps faut-il se fréquenter avant de se fiancer ou de se déterminer pour le mariage ?**

Aussi longtemps qu'il est nécessaire. Il n'a pas un temps précis que doit faire la période de fiançailles. Pratiquement, la durée de cette période pourra être extrêmement variable selon les individus et selon les circonstances. Elle dépendra essentiellement de la connaissance que chacun avait ou non de l'autre, des informations sûres qu'il a pu obtenir à son sujet.

Cependant, connaitre une personne demande un temps suffisant. «*Le temps révèle la vrai nature d'une personne*» dit-on. Durant le temps de fiançailles, assurez-vous que vous apprenez à vous connaître mentalement, spirituellement et quant à l'âme, pour pouvoir avoir plus tard des relations sexuelles avec joie dans le mariage.

Dans le livre de Genèse, Dieu prend sept jours achevés sa création. Dieu a pris du temps. Plusieurs relations sont vouées à l'échec parce qu'elles n'ont pas pris du temps dans leur création.

Il en ait de même pour former de la femme. La Bible dit, « *Alors Dieu fit tomber un profond sommeil sur l'homme, qui s'endormit ; il prit une de ces cotes et referma la chair a sa place. L'Eternel Dieu forma une femme de la cote qu'il avait prise de l'homme, et il l'amena vers l'homme…* ». Genèse 2:21-22

Dieu n'a pas retiré la cote à Adam précipitamment, il a pris du temps. Dieu a premièrement commencé par le sommeil sur Adam. Or, le sommeil n'est pas un processus automatique. Le sommeil demande du temps.

Deuxièmement, Dieu a retiré la cote et a fermé de la chair. J'aime souvent dire: « *Dieu est un Médecin spécialisé en chirurgie dans l'Université dont il est lui-même le propriétaire* ». Dieu lui a retiré l'une de ses côtes d'Adam par ce que nous appelons une chirurgie spirituelle.

Une chirurgie, est une partie de l'art médical qui consiste à faire avec la main ou à l'aide d'instruments certaines opérations sur le corps de l'homme. C'est un processus qui laisse une trace visible sur le corps de l'homme.

Ce que j'aime par la chirurgie de Dieu, c'est qu'elle laisse une marque, un témoignage de là où l'opération s'est passée. Si à son réveil, Adam n'a rien vu ni constaté c'est parce que Dieu l'avait encré dans son esprit.

Adam s'est réveillé lorsque Dieu avait fini à former Eve. Il fallait que Dieu rende Eve compatible à Adam dans le choix, les qualités, etc.

Adam avait besoin de partager ses pensées avec quelqu'un qui serait aussi capable de bénéficier, avec lui, des dons divins. Et l'Eternel déclare : « Il n'est pas bon que l'homme soit seul ; je lui ferai une aide qui lui corresponde »

C'est pour cette raison qu'Adam dira à son réveil du sommeil : « *... Voici, cette fois, celle-ci est os de mes os, chair de ma chair* ». Genèse 2: 22.

Il lui a d'abord fait tomber dans un profond sommeil, en suite il lui a retiré l'une de ses cotes et enfin, pour constituer

Pendant le temps de fiançailles, l'intérêt ne doit pas se concentrer sur le corps de l'autre, mais beaucoup plus sur l'intérieur, l'esprit et l'âme. Retenez-vous des contacts corporels.

« Les fiançailles ne donnent pas un document de feu vert aux relations sexuelles ».

C'est un temps de se connaitre de près. Je n'ai jamais été d'accord aux relations amoureuses qui ne se limitent qu'à distance. C'est très dangereux d'épouser une personne comme si elle était un cadeau emballer. Il ne faut jamais avoir des prétentions sur une personne. Vous n'êtes pas un(e) aveugle pour vous marier ainsi.

Vous devrez prendre le temps d'échanger vos pensées ensemble:

- Quelles sont les priorités de votre vie commune ?
- Qu'est-ce que l'autre pense de la vie de famille, de l'éducation des enfants, du nombre d'enfants ?
- Où est comment vous voulez vivre et habiter ?

- Qui prend les finances en main et quel sera le déroulement de votre plan financier ?
- Comment chacun aime-t-il occuper ses temps libres ? sous quelle forme cela doit-il ou peut-il se poursuivre ?
- Quelles sont les habitudes de l'autre ? s'agit-il d'habitudes déplaisantes à la longue ? ou l'inverse ?
- *Quelle valeur et quelle place l'hospitalité aura-t-elle dans votre maison ?*
- *De quelle manière faut-il résoudre les conflits ?*
- *Comment voulez-vous agir vis-à-vis de vos parents, de votre famille, de vos différents cercles d'amis ?*
- *Etc.*

Chapitre 3

LES DÉSACCORDS OU DISPUTES NON REGLÉS ENTRE FIANCES

Toute relation amoureuse qu'elle soit de fiançailles ou de mariage a des désaccords, et ce pour la simple raison qu'un couple est formé de deux personnes. En tant qu'une personne, nous avons chacun des désirs, des préférences et des comportements différents, chacun des choses qui nous énervent ou qui nous plaisent. Certains apprennent à les résoudre «à l'amiable», tandis que d'autres recourent à de vives querelles.

Malheureusement, tant de fiançailles sont ruinés par les désaccords et les disputes.

« Vôtre fiancé (e) n'est pas un dieu mais un être humain. Il a donc des défauts ».

Certains conflits concernent des sujets importants, d'autres des questions de détail. Mais qu'ils soient petits ou grands, tous les conflits peuvent gâcher une soirée, une semaine, un mois ou même une vie. Et d'un autre côté, ils peuvent aussi nous apprendre à nous aimer, à nous soutenir et à nous encourager mutuellement.

- **Témoignage**: Lorsque je fus fiancé, j'avais souvent des temps de rencontre avec ma fiancée. Un jour, j'avais rendez-vous avec elle chez un ami ou je résidais à partir de 10 heures mais vers 8 heures, j'ai fait un déplacement pensant que je rentrerais avant l'arrivée de ma fiancée. Malheureusement, j'étais pour rentrer le lendemain matin car, non seulement j'avais rencontré là où j'étais allé des amis de longue date mais aussi j'ai été bloqué par une forte pluie.

  A mon retour, les amis m'ont informé que ma fiancée était venue, elle a préparée et elle avait attendu votre retour de 10 heures à 18 heures passées.

  Ce jour-là, le confit s'est pénétré dans notre relation. Elle avait décidée en me disant en ses termes: « *Moïse je ne viendrais plus te voir, tu m'as négligée et humiliée devant tes amis* ». Pour remettre notre relation en marche, j'ai dû la chercher et je lui ai demandé un pardon sincère avec promesse de ne plus recommencer.

Dans une relation amoureuse, en cas de conflit il faut apprendre à laisser à l'autre le temps libre d'exprimer ses opinions ainsi que ses pensées. Elle permet de se comprendre mutuellement et de reconnaître le bien-fondé des idées de chacun.

Une fois que chacun a pu écouter et comprendre le point de vue de l'autre, nous pouvons chercher une solution, c'est-à-dire un «*compromis*». Trouver un compromis, c'est trouver un terrain d'entente. Cela implique que chacun soit prêt à renoncer à quelque chose en vue de préserver la paix et l'harmonie. Si, en revanche, chacun veut avoir raison et campe sur ses positions, on retombe dans la dispute.

« Les fiançailles qui aboutissent à un mariage sont centrées sur le dialogue et la réconciliation ».

Dans une relation amoureuse de fiançailles ou de mariage, il faut apprendre à dire «*Je regrette, c'est ma faute, pardonne moi* » Mais il est important de préciser la raison du regret, de la responsabilité et du pardon. Par ses expressions, nous cherchons à montrer à l'autre que nous sommes tristes de l'avoir offensé(e), que ce soit par nos paroles ou par notre comportement.

« Les couples qui apprennent à s'excuser facilitent grandement le processus de pardon ».

Selon sa compréhension des choses, ils sont une preuve de notre sincérité. Le pardon présuppose qu'un tort a été commis. Dans les fiançailles, si l'un des époux parle durement à l'autre ou se comporte mal à son égard, des excuses et le pardon sont nécessaires si l'on veut que la relation soit restaurée. Certains torts sont mineurs, d'autres sont plus importants, mais le processus est toujours le même, il faut une demande d'excuses et du pardon.

« Dans les fiançailles s'excuser n'est pas une faiblesse. Plusieurs ont détruits leur relation parce que l'un des fiancés pensaient qu'il serait rabaissé en s'excusant ».

Dans l'amour, le pardon ôte la barrière entre les personnes et permet à la relation de se développer à nouveau. Il faut viser toujours à s'accorder.

Matthieu 5:25 dit, « *Accorde-toi promptement avec ton adversaire !* ». Parfois la tension monte lorsque les deux conjoints sont en colère. La seule solution est soit d'apporter une réponse douce ou d'arrêter la discussion pour échanger plus tard.

- Proverbes 15:1, « *Une réponse douce calme la fureur, Mais une parole dure excite la colère* ».
- Proverbes 17:14, « *Commencer une querelle, c'est ouvrir une digue; Avant que la dispute s'anime, retire-toi* ».
- Prov. 20:3 « *C'est une gloire pour l'homme de s'abstenir des querelles, Mais tout insensé se livre à l'emportement* ».

Chapitre 4

LE REFUS DE PARDONNER SON (SA) FIANCÉ(E)

Dans Matthieu 18:22, L'un des disciples de Jésus avait posé cette question: « *a combien de fois il devrait pardonner à son frère qui a pêché contre lui. 'Sept fois ?* ». Mais Jésus a répondu, « *Je ne te dis pas jusqu'à sept fois, mais jusqu'à septante fois sept fois* ». Cela fait 490 fois !

Dans les fiançailles, le refus de pardonner l'autre installe la blessure ou la haine dans le cœur et fragilisent voire détruit la relation. Le manque de pardon est très dangereux pour vous, pour vos fiançailles et pour l'avenir de votre futur mariage.

Le fait d'accepter de pardonner à l'autre permet à votre relation d'avancer. Le pardon c'est accepter de se réconcilier avec l'autre. Le verbe «*réconcilier*» signifie « ramener des personnes à la bonne entente ». Certes que le pardon n'enlève pas automatiquement le souvenir de la faute et fait que ses souvenir réapparaisse ne signifie pas que vous n'avait pas pardonné. Le plus important est seulement de ne pas rappeler à l'autre ses torts du passer.

Le fait est que le pardon ne restaure pas automatiquement la confiance qui a été brisée. Tout dépend du tort causé à l'autre. Par exemple, lorsque, dans une relation, il y a infidélité, la confiance est détruite. Cette confiance peut être de nouveau rétablie si celui qui a mal agi change de comportement et se montre à nouveau digne de confiance.

- **Mais combien de temps pour se réconcilier ?**

Cela dépend depuis combien de temps l'entente est brisée. Certains ont besoin de que restera heures, d'autres de quelques mois. Parfois, aussi, les couples cherchent de l'aide auprès d'un conseiller professionnel parce qu'ils ne savent pas comment s'y prendre pour reconstruire la relation. Ainsi, nous voyons que le pardon ne produit pas forcément l'harmonie.

Dans les fiançailles, le pardon est la seule réponse que nous devrions avoir quand quelqu'un nous présente ses excuses. Si nous choisissons de ne pas pardonner, alors la barrière demeurera et la relation restera brouillée.

- **Témoignage:** Un frère marié était venu me voir pour me relater le problème qu'il avait eu avec sa femme. Il m'a expliqué son problème en ses termes:
  « Un jour j'avais laissé mon téléphone à la maison et m'a femme est allée vérifier mes messages.

Malheureusement, ma femme va tomber sur un message envoyé par une fille sur mon téléphone (whatsapp précisément) à son mari qui est mon ami, car ce dernier n'avait pas de téléphone et que je lui transmette le message... A mon retour du travail, ma femme était gonflée, elle ne voulait pas que je m'explique ni m'écouter ni accepter mon pardon. Dans la chambre on ne se parlait pas, chacun vivait à sa manière. Malgré mes différentes excuses, elle me disait toujours: « *laisse-moi, je ne me sens pas encore te pardonner*». Nous avons passé au moins 1 mois sans se parler, chacun de son côté avant de se réconcilier par l'intermédiaire d'une tierce personne.

- **Que faire si la personne qui vous a blessé(e) ne s'excuse pas ?**

Nous ne pouvons pas obliger à votre fiancé(e) qui vous a fait du tort à s'excuser, mais vous pouvez lui tendre la main et lui montrer votre volonté de pardonner. Le mieux est de lui expliquer avec amour quel tort elle vous a causé, en espérant qu'elle vous présentera ses excuses et que vous pourrez lui pardonner.

Chapitre 5

L'IMPUDICITE DANS TOUTE SES FORMES DANS LES FIANÇAILLES

Dans la société actuelle, l'engagement des époux dans l'union du mariage n'a souvent plus le caractère sacré qu'il avait autrefois. Le monde moderne, profondément paganisé, a perdu le sens de la pureté et le sens de la pudeur.

Parmi les points négatifs de la technologie et la mode est qu'elles nous ont apportées des nouvelles formes d'impudicité dans la vie de plusieurs jeunes célibataires et en relation de fiançailles.

Les jeunes fiancés doivent fuir l'impudicité. Il ne s'agit pas de résister, mais de «*fuir*» : «*Fuis les convoitises de la jeunesse*» 2 Timothée 2:22.

« La mode a dévalorisée certaines valeurs. Dire aujourd'hui: Je suis encore vierge ou chaste c'est devenu un sujet de moquerie ».

L'immoralité sexuelle est une arme que le diable utilise pour détruire les fiançailles. Le mal et le péché doivent être appelés par leur nom.

1. La masturbation

La masturbation ou pollution volontaire est la recherche solitaire du plaisir, au moyen d'excitation réalisées avec les mains ou des objets. La masturbation implique de se livrer à des pensées perverses pour se donner du plaisir. Or, la Bible dit que « *Celui qui ferme les yeux pour se livrer à des pensées perverses, Celui qui se mord les lèvres, a déjà consommé le mal* » Proverbes 16:30.

Plusieurs personnes en relation de fiançailles se masturbent pour éviter de commettre l'impudicité. Certains disent c'est une mesure de précaution.

« Dans les fiançailles, la masturbation n'est pas une forme d'abstinence. C'est de l'impudicité ».

Prenons conscience que dès lors que nous sommes venus à Christ, nous ne nous appartenons plus à nous-mêmes et que notre corps appartient désormais à Dieu. Si vous livrez votre corps aux choses malsaines, vous salissez la maison de Dieu, et il vous détruira à la fin.

2. Le nudisme ou l'obscénité via whatsapp et autres réseaux sociaux

Les conversations obscènes, photos obscènes, vidéos obscènes, audios absences, sont une forme d'impudicité que la technologie nous a rapportée et qui ont détruits plusieurs relations de fiançailles.

Certains jeunes garçons ou filles exigent des choses citées en haut afin de satisfaire à leurs pulsions sexuelles.

- **Témoignage**: J'ai connu des jeunes amoureux qui s'envoyaient via whatsapp des photos nues, des messages obscènes mais après juste la séparation ou mise à terme de la relation, les photos et messages se sont retrouvées dans les whatsapp d'autres personnes par l'un des ex.

Plusieurs jeunes filles et garçons ont perdus leur réputation, considération, chance d'être aimé parce qu'ils ou qu'elles ont exposé leur nudité ..

- **Témoignage:** Un jour, ma fille spirituelle m'a écrit sur whatsapp afin de me demander un conseil à propos de sa relation. Elle avait un fiancé qui était loin d'elle et son fiancé l'exigeait de l'envoyer ses photos ou elle est nue.

« Une fille qui pense qu'en envoyant une photo nue sur whatsapp à son fiancé afin de lui satisfaire ou de lui garder, se trompe et l'expose à l'impudicité ».

Jésus a dit qu'on peut faire la différence entre les vrais et les faux chrétiens en observant les fruits qu'ils portent. Il a dit : « *C'est donc à leurs fruits que vous les reconnaîtrez* » Matthieu 7:20. Cela signifie que si une personne est vraiment née de nouveau, sa vie en témoignera par les choses qu'elle dira et fera.

Ce n'est pas parce qu'une chose procure une sensation agréable qu'elle est bonne. Un seul acte d'immoralité peut avoir des conséquences tragiques dans une relation amoureuse.

« La pureté doit caractériser les fiançailles ».

Ne sois pas naïf au point de croire cela ! Ce n'est pas parce qu'une chose procure une sensation agréable qu'elle est bonne. L'apôtre Paul dit, Tout m'est permis mais tout n'est pas utile. Un seul acte d'immoralité peut avoir des conséquences tragiques pour toute la vie.

Romains 13:14 dit: « *Ne prenez pas soin de la chair pour satisfaire à ses convoitises* ». Et dans Matthieu 18:8-9, Jésus dit, « *Si ta main ou ton pied est pour toi une occasion de chute, coupe-les et jette-les loin de toi... Et si ton œil est pour toi une occasion de chute, arrache-le et jette-le loin de toi* ».

Qu'est-ce qui est permis et non permis aux fiancés ?

Nous avions dit précédemment que les fiançailles ne sont pas le mariage. Il est donc interdit aux fiancés:

- Toutes caresses sur les parties intimes ;
- Tous baisers prolongés sur les lèvres ou à la bouche, de même que les baisers prolongés sur la poitrine de l'autre.
- Les rencontres solitaires et prolongées surtout de nuit;
- Toutes familiarités et toutes attitudes particulièrement dangereuses: c'est ainsi qu'ils ne devront jamais s'étendre l'un près de l'autre, ni s'asseoir sur les genoux l'un de l'autre ;

C'est juste quelques exemples. La liste n'est pas exhaustive.

Les fiancés sont permis:

- De s'informer des réalités physiques de la vie conjugale, dans la mesure où ils en éprouvent un véritable et légitime besoin en vue d'une meilleure réussite de leur amour conjugal ;
- Les rencontres en milieu familial. Non seulement c'est là qu'on risquera d'être le moins exposé aux tentations

venant de certaines imprudences; mais c'est également là qu'on apprendra normalement à se mieux connaître ;

– De s'embrasser. Ils peuvent se faire « *des baisers ordinaires* ». Par baisers ordinaires il faut entendre, ici, les baisers sur le front, les tempes ou les joues, à l'exclusion des baisers sur les lèvres ou sur la bouche. Pourvu qu'ils soient faits avec une intention honnête et pure, avec une juste modération et dans un esprit de respect mutuel. On a précisé plus haut que les baisers prolongés sur les lèvres ou sur la bouche sont gravement interdits entre fiancés.

« Toutefois, par la prudence, les fiancés doivent s'abstenir de baisers ils risquent de faire naître de mauvais désirs et de devenir des baisers prolongés ».

❖ <u>Témoignage</u>: Un jour après avoir prêché les jeune dans une église ou j'étais invité ; une jeune fille étudiant était venue me voir pour me demander conseil en ses termes: « *Homme de Dieu, je suis vraiment embarrassée, mon fiancé m'oblige de faire l'amour avec lui avant que je rentre au campus pour les études. Il m'a dit que je dois le faire sinon, notre relation risque de se déstabiliser. Je l'aime et je ne veux pas le perdre* ».
Pour des cas semblable à ce témoignage, l'homme ou la femme a le devoir d'y refuser, en s'efforçant de faire comprendre à son partenaire. Mais si l'homme met la

pression et menace la fin de la relation, laisse lui partir peut-être qu'il changera d'avis par après et s'il ne change pas d'avis, accepte la fin de la relation.

« Accepte de perdre une relation amoureuse qui devient dangereuse afin de préserver ta relation avec Dieu ».

L'impudicité est à la basse de la destruction de plusieurs relations amoureuses. La Bible dit dans Jean 10:10 que le voleur ne vient que pour voler, détruire et égorger.

Quelques stratégies face à la tentation

Beaucoup d'hommes et femmes fiancés éprouvent le désir de vivre dans la sainteté et la pureté, mais n'y parviennent pas, faute stratégies. Voyons en quelques-unes:

1) **Vous devrez détecter la tentation dans les fiançailles**

La Parole de Dieu ne nous dit-elle pas que le diable rôde comme un lion rugissant, cherchant qui il dévorera? Il faut être conscient de la tentation pour la vaincre.

Joseph était conscient qu'il était tenté. Derrière la femme de Potiphar, il détecta les ruses de l'ennemi le poussant au péché. C'est pourquoi il lui répondit: « Comment ferais-je un aussi grand mal et pécherais je contre Dieu? » Genèse

39: 9, et finit par s'enfuir malgré l'insistance de la femme à commettre l'adultère.

2) **Vous devrez fortifier votre esprit par la prière, le jeûne, la méditation de la Bible et la communion fraternelle**

Plusieurs fiançailles désirent vivre dans la sanctification, mais faute d'une forte vie de prière, leurs esprits restent faibles, et n'arrivent pas à résister à la tentation.

La Bible nous dit dans Matthieu 26: 41 « *veillez et priez, afin que vous ne tombiez pas dans la tentation; l'esprit est bien disposé, mais la chair est faible* ».

Les fiancés qui jeûnent, qui prient, qui méditent la parole de Dieu et communient avec les frères, auront suffisamment de force spirituelle pour interdire à sa chair de le pousser au mal.

3) **Vous devrez savoir que la tentation est une sollicitation, et non une imposition. Donc vous pouvez dire «non».**

Vous pouvez dire non à la tentation. Lorsque vous êtes tenté, cette tentation n'est pas une imposition, mais une sollicitation. Le diable vous sollicite, mais ne vous impose pas de tomber dans le péché.

Lorsque votre fiancé(e) vous sollicite aux caresses, flirts, rapport sexuel, etc. C'est une tentation et non une imposition.

Joseph n'était pas obligé de coucher avec la femme de Potiphar, quand bien même celle-ci était sa patronne; il avait toujours la possibilité de dire « non », et c'est ce qu'il fit. Il se retrouva en prison à cause de cela, mais Dieu demeura avec lui.

« Plusieurs fiançailles sont détruites parce que l'un de partenaire n'a pas dit « non » face à l'impudicité ».

Samson a chuté parce qu'il s'était lassé de dire « non ». Délila est venue et revenue en lui disant : « révèle-moi le secret de ta force » ; elle avait tellement insisté que Samson fut fatigué à mort au point de lui ouvrir son cœur pour dire « oui » aux insistances de celle-ci.

« Plusieurs filles ont détruits leur réputation, fiançailles, mariage parce qu'elles ont dite « oui » à l'impudicité une seule fois ».

Samson a dit « *oui* » une fois, mais il a perdu sa chevelure ; oui une fois, il a perdu ses yeux ; oui une fois, il est devenu l'esclave de ses ennemis ; oui une fois, le dominateur est devenu l'oppressé ; oui une fois et il a regretté ; oui une fois, il a fini par perdre sa vie, car après même que sa chevelure ait repoussé, il a eu une victoire par laquelle il perdit la vie parce qu'il s'était fatigué de dire « non ».

Le diable est un avorteur des destins. Si vous voulez vaincre l'impudicité, ne vous fatiguez jamais de dire « *non* ».

« Il faut dire à l'impudicité « non » à chaque seconde, chaque minute, chaque heure, chaque jour, chaque semaine, chaque mois et chaque année ».

Chapitre 6

LE MANQUE DE CONTENANCE (CHASTETÉ) DANS LES FIANCAILLES

Les fiancés doivent savoir que la chasteté n'est pas toujours facile au cours des fiançailles, surtout quand celles- ci sont exagérément prolongées. Mais la chasteté n'est pas impossible avec l'aide de Dieu. La Bible dit dans Philippiens 4:13, « *Je puis tout par celui qui me fortifie* ».

L'apôtre Paul utilise l'image des fiançailles pour décrire notre relation avec le Seigneur Jésus. « *Car je suis jaloux à votre égard d'une jalousie de Dieu ; car je vous ai fiancés à un seul mari, pour vous présenter au Christ comme une vierge chaste* » (2 Corinthiens 11:2).

Pour garder leur chasteté durant toutes leurs fiançailles, il leur faudra remplir certaines conditions et mettre en œuvre certains moyens sans lesquels ils ne pourraient aboutir qu'à de lamentables échecs.

D'abord et avant tout, ils doivent avoir l'un et l'autre le sens, l'estime et l'amour de leur chasteté ; ils doivent savoir en outre que une fiançailles chaste n'est pas impossible. Lorsque vous fondez votre relation avec Dieu, il vous soutiendra et il vous accordera la force de faire ce qui est de sa volonté.

Comment réussir la contenance ou chasteté dans les fiançailles ?

Pour réussir la continence, il Faut-il associer un double effort: l'effort personnel et l'effort à deux (être d'accord).

1) Un effort personnel

Cet effort devra porter non seulement sur la maîtrise de l'instinct sexuel et la vertu de chasteté. Il faudra refouler tous les envies sexuels. Il faudra abandonner les films pornographiques, images à caractère sexuel, la masturbation, etc.

Brièvement, il faudra purifier ton corps (les sens: le toucher, l'odorat, l'ouïe, le gouter, la vue), ton âme et ton esprit. Il faut prier et jeuner jusqu' à ce que le désir de pécher vous quitte. Il faut sortir de toute curiosité malsaine et négative.

Dans la bible, David est tombé avec Bath-Schéba parce qu'il avait une curiosité malsaine et négative.
De la même manière, nous pouvons observer la conduite d'Ève. Dieu leur avait interdit de manger le fruit de l'arbre du bien et du mal, cependant elle s'est plu à convoiter

l'interdit. Et cette convoitise remplie de curiosité produisit la chute de toute l'humanité.

2) Un effort à deux (donc être d'accord).

L'accord est l'union entre plusieurs personnes, causée par la conformité de la volonté, de sentiments et des idées. Une concordance, une attente bilatérale ou multilatérale. Amos 3:3 nous questionne: « *Deux hommes marchent- ils en semble, sans en avoir convenu ?* »

A l'effort personnel devra s'ajouter un effort à deux. Non seulement les fiancés doivent leur chasteté, mais ils doivent aussi garder entre eux, toujours et partout, une certaine réserve, une certaine modestie, une vraie pudeur qui les préservera de bien des tentations et de bien des difficultés. Ils devront faire preuve d'une parfaite simplicité ou franchise mutuelle dans leur combat pour la chasteté.

« Certaines fiançailles n'arrivent pas à demeurer dans la chasteté parce qu'il n'y a pas un partenaire qui ramènera l'autre sur le droit chemin ».

Chapitre 7

LES MAUVAIS CARACTÈRES

Le mot caractère veut dire: « Empreinte, marque, figure tracée sur une surface quelconque ». Le caractère distingue une personne des autres.

« Plusieurs filles demandent à Dieu le mariage alors qu'elles n'ont pas le caractère d'une épouse. C'est contradictoire ! »

On ne se marie pas avec une personne par la foi. Si la foi est une ferme assurance de ce qu'on ne voit pas ; en matière de mariage les signes extérieurs compte beaucoup. Vous n'allez pas vivre avec la beauté mais avec le caractère.

- **Peut-on se fiancer avec une personne non-chrétienne pour le changer par après dans le mariage ?**

Le mariage ne change pas une personne. Il y a des garçons que pour convaincre une jeune fille de se marier avec lui, prennent un engagement hypocrite de fréquenter l'église ou encore de se faire baptiser dans une religion donnée alors que l'objectif est autre chose.

« Se marier avec une personne en espérant changer cette personne dans le mariage, c'est comme sauter d'un avion sans parachute ».

Le mariage n'est pas un centre de rééducation. Ce n'est pas une méthode d'évangélisation. Au contraire, s'il y a des problèmes avant le mariage, il y a de fortes chances qu'ils s'amplifieront après le mariage. Je me répète, ne vous attendez pas à changer quelqu'un après le mariage. S'il y a des choses à corriger, fait-le avant et non après.

L'histoire de Samson doit nous servir d'avertissement. Il a méprisé le conseil de ses parents qui lui disaient de prendre une femme d'entre le peuple de Dieu. Mais Samson leur dit : « *Prends celle-là pour moi, car elle plaît à mes yeux* » Juges 14:3. À cause de cette décision, au lieu d'avoir les yeux illuminés par le commandement de Dieu, il les perdit par suite de sa désobéissance.

Avant d'envisager les fiançailles avec un garçon, les questionnements suivants sont importants:

- Est-il sincèrement amoureux de Dieu ?
- Est-ce que je peux voir clairement des signes d'une foi authentique dans sa vie ?
- Est-ce qu'il porte le genre de fruit qu'un vrai chrétien devrait porter ?

« Un grand nombre de chrétiens sont prisonniers de mariages misérables et malheureux parce qu'ils ont désobéi à un commandement clair et précis de Dieu ».

La Bible dit : « *Ne vous mettez pas avec les infidèles sous un joug étranger ...* » 2 Corinthiens 6.14.

Un joug est une pièce de bois utilisée pour atteler deux bœufs destinés à travailler ensemble dans un même but, tel que tirer une charrue. Par conséquent, être « *mis sous le même joug* » avec une autre personne signifie « *être uni ou associé avec cette personne* ».

Ainsi donc, les chrétiens ne peuvent pas se mettre sous le même joug que les incroyants.

« Dans les fiançailles il faut avoir les yeux grandement ouverts. N'attendez pas que le mariage vous ouvre les yeux ».

Le but ultime que Dieu a pour deux personnes qui se marient, c'est qu'elles deviennent une seule chair. Or, quand un des deux conjoints est croyant et que l'autre ne l'est pas, ils ne peuvent jamais devenir un, corps, âme et esprit.

- **Les cinq (5) raisons pour lesquelles un(e) chrétien(e) ne devrait jamais se fiancer ou se marier avec un non-chrétien(e).**

La question des convictions religieuses de chacun doit être une des premières à aborder pour un couple qui envisage le mariage. Les divergences de vue entre des époux sur le plan spirituel peuvent provoquer des conflits conjugaux.

Dans 2 Corinthiens 6.14-16, nous avons ces différentes raisons:

- **Quel rapport y a-t-il entre la justice et l'iniquité ?**

Le croyant est juste aux yeux de Dieu, parce qu'il a accepté Jésus-Christ comme son Sauveur et qu'il est revêtu de la justice de Christ. L'incroyant est injuste aux yeux de Dieu, parce qu'il rejette Christ. Voilà pourquoi il ne peut y avoir d'unité entre les deux.

- **Qu'y a-t-il de commun entre la lumière et les ténèbres ?**

L'incroyant, au contraire, est toujours dans les ténèbres, et à moins qu'il ne vienne à Christ, son avenir n'est que ténèbres éternelles. Tout comme il ne peut y avoir d'unité entre la lumière et les ténèbres, ainsi il ne peut y avoir de véritable unité entre un croyant et un incroyant.

- **Quel accord y a-t-il entre Christ et Bélial (Satan) ?**

Jamais il ne pourra y avoir d'unité entre Christ et Satan. Par conséquent, il ne pourra jamais y avoir d'unité réelle entre un croyant dont le père spirituel est Dieu et un incroyant dont le père spirituel est Satan (Jean 8.44).

- **Quelle part a le fidèle avec l'infidèle ?**

L'intérêt du chrétien se trouve en Dieu, dans ses œuvres et dans l'avenir glorieux qui l'attend au ciel. L'intérêt de l'incroyant, par contre, se trouve dans ce monde et dans les choses de ce monde. Il ne peut donc y avoir de vraie unité entre les deux.

- **Quel rapport y a-t-il entre le temple de Dieu et les idoles ?**

Le corps du chrétien est appelé « *le temple de Dieu* », parce que Dieu habite en lui et parce que le chrétien adore Dieu. Le corps de l'incroyant est appelé « *un temple d'idoles* », parce qu'il place autre chose dans sa vie avant Dieu. Tout comme il ne peut y avoir d'unité entre Dieu et les idoles, ainsi il ne peut y avoir de vraie unité entre un croyant et un incroyant.

« Plusieurs filles se précipitent en fiançailles et au mariage parce que l'homme a de l'argent. Le mariage n'est pas l'argent mais la compatibilité de du corps, de l'âme et de l'esprit ».

Avant de vous engager dans une relation avec un homme ou une femme, il faut lui poser les questions suivantes:

- Etes-vous nait de nouveau de l'eau et de l'esprit?
- Où en êtes-vous, dans votre cheminement spirituel?
- Quelle est votre conception de Dieu?
- A quelle dénomination religieuse appartenez-vous?
- Etes-vous actif (ve) dans l'église que vous fréquentez?
- Vos convictions religieuses ont-elles un impact sur votre vie quotidienne?

Chapitre 8

LES PRECIPITATIONS, IMITATIONS ET COMPARAISONS DANS LES FIANCAILLES

La modernité a fait que la plupart des jeunes veulent faire les fiançailles qui ressemblent aux films de télé–réalité, séries d'amour. Les imitations et comparaisons ont fragilisées voire détruites tant relation de fiançailles.

« Pour éviter les précipitations dans les fiançailles, il ne faut pas donner sa parole dès la première rencontre ou le premier rendez-vous ».

Plusieurs relations fiançailles souffrent de la crise d'identité c'est à dire l'incapacité d'avoir une identité qui leur est propre à cause de la comparaison. Dieu ne vous a pas appelé à être une photocopies ou un pneu de réserve d'une autre personne. Soyez une version originale de vous-même.

« Plusieurs fiançailles sont fragilisées et détruites parce que tant de filles par comparaison s'attendent à faire un mariage de rêve… »

Refusez d'accepter les modèles qu'on vous présente dans les revues, la radio, la télé et sur internet, qui parlent d'amour, mais qui vous conduisent dans la ruine !

❖ **Témoignage**: Lorsque Dieu m'a convaincu de me marier et s'il serait avec moi; je n'avais rien sur moi. J'étais sans dot, sans travail, sans maison et sans mobiliers. Le jour où j'avais dit à ma famille que je vais me marier, presque tout le monde s'est révolté contre moi. Personne ne voulait s'associer avec moi dans ce projet qu'ils trouvaient nauséabonds. Il fallait soit avancer selon ce que je voulais soit selon ce que la famille voulait. J'étais très découragé et j'ai dû même reporter 2 à 3 fois mon mariage d'une manière officielle et au-moins 3 fois d'une manière non officielle. C'était une situation très stressant... J'ai même reçu des messages des frères, des sœurs et serviteurs de Dieu que comme j'ai reporté le mariage, j'ai ouvert la porte au diable pour mon mariage et mon foyer. Je me suis demandé depuis quand tous ses gens sont devenus des prophètes... d'autres me disaient de reporter seulement et de chercher l'argent. J'ai résisté et finalement j'avais fixé la date du 03 juillet pour le mariage, j'ai imprimé les invitations et les faire-part. malgré cela, j'étais toujours découragé par certains membres de ma famille. Peu de gens m'ont dit courage ça va aller ! Un oncle est venu deux jours avant mon mariage me dire que je dois reporter ce projet car je n'ai rien... Finalement, je m'étais marié à cette date civilement et religieusement en réunissant l'essentiel pour le mariage. J'avais marché à contre-courant pour arriver jusqu'au bout. Et c'est la main puissante de l'Éternel qui me donne aujourd'hui ce témoignage. Alléluia!

« Vous n'êtes pas appelé à faire comme tout le monde ou à passer par le chemin de tout le monde. Vous avez une identité et un chemin différents des autres ».

Cette anecdote ci-dessous m'a beaucoup édifié. J'espère qu'elle vous édifiera aussi :

« Un Monsieur était en voyage avec son fils et son ânesse. Comme le chemin du voyage était long, le Monsieur prit son fils et le plaça au-dessus de son ânesse. En arrivant au premier village, les gens du village se moqua de lui en ses termes : « *Monsieur, c'est toi le responsable pourquoi laisses-tu l'enfant sur l'ânesse! C'est sérieux ça !*». Après ce reproche, le Monsieur se dit de changer de rôle, il monta sur l'ânesse et son fils marcha à pieds. En arriva au deuxième village, les habitants cria: « *Monsieur comment tu peux faire souffrir l'enfant en lui faisant marcher sous ce soleil accablant ? Mais il fallait le mettre sur l'ânesse !* ». Cette phrase troubla ce Monsieur et décide de monter sur l'ânesse, lui avec son fils. En arrivant au troisième village, les gens cria contre lui, « *Monsieur ! Comment vous pouvez faire souffrir autant cet animal ? Comment pouvez-vous monter à deux sur l'ânesse ! Mais vous allez faire fatiguer et tuer l'ânesse...».* Le Monsieur se trouva dans une confusion totale et un grand désespoir. Il se dit alors, je vais marcher à pieds avec mon fils et accompagner de mon ânesse. Arriva au quatrième village qui était le dernier, les habitants se mirent à rire terriblement et disant, « *Monsieur vraiment vous n'êtes pas sérieux ! Sous ce soleil accablant vous marchez à pieds avec votre fils alors que vous avez une ânesse! Mais cette ânesse a été faite pour être montée ».* Au final, cet homme était découragé de vouloir satisfaire le monde.

- **Quelle leçon tirons-nous de cette anecdote ?**

Vous n'accomplirez jamais réussir votre fiançailles ou mariage tant que vous chercherez à faire ce que tout le monde veut que vous fassiez. Les personnes qui comparent leurs fiançailles avec celles des autres créent en eux le désir de vouloir satisfaire tout le monde. Alors que c'est impossible !

A cause de la précipitation, de la comparaison et de l'imitation plusieurs personnes n'arrivent à poursuivre leur chemin du mariage.

Chapitre 9

LES MAUVAISES COMPAGNIES

« *Ne vous y trompez pas: les mauvaises compagnies corrompent les bonnes mœurs* » 1 Corinthiens 15:33.

Dans Proverbes 20:19, la Bible dit, « *Celui qui répand la calomnie dévoile les secrets; Ne te mêle pas avec celui qui ouvre ses lèvres* ».

Lisons trois (3) versets bibliques:

- 1 Corinthien 15:33 dit, « *les mauvaises compagnies corrompent les bonnes mœurs*».
- Psaumes 119:63 dit, « *Je suis le compagnon de tous ceux qui te craignent et de tous ceux qui gardent tes commendements* ».
- Proverbes 13:20, « *Celui qui fréquente les sages deviendra sage, mais le compagnon des fous sera détruit* ».

Parfois c'est votre famille ou amis proches qui essayent de vous persuader afin que vous abandonniez vos fiançailles ou d'ignorer votre fiancé(e). Ne partagez pas votre situation amoureuse, vos problèmes avec n'importe qui en calomniant votre fiancé(e). Si vous calomniez votre fiancé(e), d'autres le feront aussi.

Soyez très attentifs dans le choix de vos amis. N'ouvrez pas votre cœur à n'importe qui. Les compagnies jouent un grand rôle dans la vie d'une manière générale et dans les fiançailles ou mariage en particulier.

Tant de fiançailles ont été fragilisés parce que l'un des fiancés ou les deux ; est tombé sur un mauvais ami, connaissance ou entourage.

Bible nous défend de nous asseoir sur le banc des moqueurs et des pécheurs. La bible nous dit encore que le fer aiguise le fer comme la personnalité d'un homme influence celle d'un autre positivement ou négativement. Deux fers peuvent s'aiguiser pour produire un couteau de cuisine ou un couteau de meurtrier.

Voilà pourquoi, je dis que la personne qui t'aiguise détermine ce que tu seras. Veillez sur la nature de tes amitiés. Sélectionne tes amis. Ne donne pas ton oreille à n'importe qui, vous risquez de détruire vos fiançailles.

Je vous recommande de lire attentivement ce passage biblique de **Luc 10:30 à 35** :

> « *Jésus reprit la parole, et dit: Un homme descendait de Jérusalem à Jéricho. Il tomba au milieu des brigands, qui le dépouillèrent, le chargèrent de coups, et s'en allèrent, le laissant à demi mort. Un*

sacrificateur, qui par hasard descendait par le même chemin, ayant vu cet homme, passa outre. Un Lévite, qui arriva aussi dans ce lieu, l'ayant vu, passa outre. Mais un Samaritain, qui voyageait, étant venu là, fut ému de compassion lorsqu'il le vit. Il s'approcha, et banda ses plaies, en y versant de l'huile et du vin; puis il le mit sur sa propre monture, le conduisit à une hôtellerie, et prit soin de lui. Le lendemain, il tira deux deniers, les donna à l'hôte, et dit: Aie soin de lui, et ce que tu dépenseras de plus, je te le rendrai à mon retour».

Dans cette parabole de Jésus, l'homme qui descendait vers Jéricho avait rencontré quatre (4) types de personnes notamment: les Brigands, un Sacrificateur et un Lévite (que nous scindons en un) et un Samaritain.

Dans le chemin vers du mariage, vous vous rencontrerez surement trois (3) types de compagnies:

1) Les compagnies: Brigands

Le mot «*brigand*» veut aussi dire: homme qui vole et pille à main armée. Un brigand est un bandit, malfaiteur, pillard, voleur, gangster, assassin, escroc, etc.

Dans la période de la jeunesse et des fiançailles, vous raconterez des personnes qui seront pour vous comme des brigands. Ils chercheront à occasionner la chuter de votre relation, amour, projet de mariage, etc. Apprenez à les découvrir et les écarter.

Parfois, certaines personnes vont faire des alliances pour nuire votre jeunesse ou encore causer la chute de vos fiançailles. Apprenez à les découvrir et les écarter.

La Bible nous montre une alliance entre Hérode et Pilate contre Jésus. Luc 23:12. « *Et ce même jour, Pilate et Hérode devinrent amis; car auparavant ils étaient ennemis* ».

Pour détruire votre relation de fiançailles, une association des brigands feront alliance alors qu'ils ne s'aiment pas mais qui s'assemblent contre un ennemi commun.

« Il y a des personnes dans la vie qu'il ne faut jamais souhaiter de rencontrer. Elles sont des brigands ».

Ils y a des personnes qui viendront avec sourire pour solliciter une place dans votre vie mais avec un objectif de vous nuire, de vous rabaisser à un niveau où vous deviendrez un sujet de critique et de honte.

« Il y a des relations amoureuses et des fiançailles qu'il faut abandonner tôt car elles vont te détruire».

Samson avait rencontré une personne appelée Dalila en faisant d'elle une amie et l'amour de sa vie jusqu'à lui dire même ses secrets. Alors qu'elle n'était qu'un bandit, malfaiteur, pillard, voleur, gangster, assassin et escroc dans sa vie. Dalila cherchait qu'à lui rabaisser. Malheureusement, le manque de discernement de Samson lui coûta ainsi toutes les grâces que le Seigneur lui avait accordées.

Dalila a dépouillée Samson de trois (3) choses qui caractérisaient le ministère et la destinée de Samson:

⇒ *Dalila a dépouillée Samson de la sainteté :* les sept tresses qu'il avait représentaient la sainteté de Dieu. *« Et ayant appelé un homme, elle rasa les sept tresses de la tête de Samson, et commença ainsi à le dompter...»* Juges 16:19.

⇒ *Dalila a dépouillée Samson de la force ou l'onction* : tout appelé de Dieu qui tombe dans le péché perd l'onction. Dieu ne marche pas avec ceux qui vivent dans le péché et qui désobéissent à sa Parole.

La force de Samson venait de l'onction du Saint-Esprit. En chutant, celle-ci lui fut retirée et Samson redevint un homme ordinaire (Romains 3:23). C'est la présence du Seigneur qui fait notre force et non nos capacités physiques ou intellectuelles. *« L'Éternel s'était retiré de lui »* Juges 16:20.

⇒ <u>*Dalila a dépouillée Samson de la vision*</u> : « *Les Philistins (...) lui crevèrent les yeux* » Juges 16:21. Les yeux crevés symbolisent la perte de la vision initiale que Dieu lui avait confiée.

« Lorsque vous donnez au diable l'opportunité de vous rabaisser, il n'hésitera pas de le faire ».

L'apôtre Pierre nous monter l'un des grands caractéristiques du diable dans 1 Pierre 5:8 « *Soyez sobres, veillez. Votre adversaire, le diable, rôde comme un lion rugissant, cherchant qui il dévorera* ».

❖ <u>Témoignage</u> : Lorsque j'étais étudiant en Droit à l'Université Officielle de Bukavu (U.O.B) à l'Est de la RD. Congo. J'avais des amis étudiants du même campus qui faisaient des complots à certaines filles jugées calme, timide, orgueilleuse, etc. Leur objectif était de coucher avec ses filles, prendre des captures des photos de ses filles étant nue et soit publié ou monter cela à des amis.

Ce témoignage ci-haut me rend fréquemment triste lorsque j'observe cette génération. Plusieurs filles ont hypothéquées leur destinée. Plusieurs sont dépouillées dès la jeunesse par des brigands de la virginité, du caractère, du bon témoignage, du respect, etc.

L'objectif du diable est de dévorer. Plusieurs filles ne sont plus vierges à cause des hommes qui sont venus justement pour accomplir une mission : détruire ta virginité, te faire perdre les bonnes opportunités en te laissant à demi-mort.

« Le diable est un avorteur des projets de fiançailles et mariage ».

2) Les Compagnies: Sacrificateur et Lévite

Le sacrificateur est la deuxième et le Lévite la troisième personne que cet homme de la parabole de Jésus qui descendait de Jérusalem à Jéricho avait rencontré.

Le Sacrificateur a vu cet homme et passa outre et le Lévite à son tour passa outre.

« Le Sacrificateur et le Lévite sont des personnes qui sont dans votre vie qui n'apportent absolument rien mais qui critiquent votre relation de fiançailles ou de mariage. Ces personnes sont aussi dangereuses ! »

Il y a des personnes qui sont dans votre vie comme « *des spectateurs* ». Ils ne peuvent pas vous conseiller ni vous aider. Ils connaissent les difficultés de votre relation amoureuse mais ne sont pas prêtes à vous apporter une aide quelconque.

Plusieurs personnes attendent recevoir des choses de vous mais lorsque il arrive le moment où vous attendez de l'aide venant d'eux; les uns passent à gauche et d'autres à droite. Vous ne bénéficiez rien d'eux.

« Evite d'être avec des ami(e)s qui n'apportent rien comme conseil mais qui veulent recevoir les choses venant de vous».

Refuse les relations amoureuses et des fiançailles sans objectif. Elles apporteront des blocages dans votre futur. Certaines relations amoureuses deviendront de véritables freins pour votre percée.

« Pour mieux avancer dans la vie, il faut apprendre à dire à certaines relations sans objectif: au-revoir, c'est fini, adieu ...»

Il y a des personnes qui sont comme un voile sur le chemin de votre destinée. Comme Abraham qui a dû se séparer de son neveu Lot. Certaines personnes que vous côtoyez peuvent être des obstacles par leur manque de foi à la vision et à l'appel que Dieu vous a donnés. Séparez-vous d'eux.

3) Les Compagnies: Samaritain

Mais le Samaritain en arrivant auprès de cet homme ne s'est pas demandé s'il avait le droit de s'approcher de lui où pas. Il ne lui a pas demandé s'il était de quelle région, si il était converti ou pas, s'il était de quelle tribu, si il était de quelle nationalité, etc. Le Samaritain a fait, lui, ce qui est nécessaire, avec compassion, avec amour.

La Bible dit, Luc 10: 33-35, La Bible dit que le Samaritain *«... s'approcha, et banda ses plaies, en y versant de l'huile et du vin; puis il le mit sur sa propre monture, le conduisit à une hôtellerie, et prit soin de lui. Le lendemain, il tira deux deniers, les donna à l'hôte, et dit: Aie soin de lui, et ce que tu dépenseras de plus, je te le rendrai à mon retour »*.

« Sur le chemin de la destinée, Dieu mettra des hommes et femmes qui seront en mesure de vous être utile en cas de nécessité ».

CONCLUSION

La Bible dit dans Jérémie 29:11, « *Car je connais les projets que j'ai formés sur vous, dit l'Éternel, projets de paix et non de malheur, afin de vous donner un avenir et de l espérance.* »

Dieu nous a destiné à un projet de bonheur. J'ai écrit ce livre pour cet objectif, parvenir à votre bonheur qui est le mariage. Rappelez-vous qu'un mauvais mariage est mille fois pire que de vivre seule.

Le but de Satan et de ses démons est de maintenir les hommes dans l'ignorance (Osée 4:6). Nous l'avions dit au courant de cet ouvrage que le diable est un avorteur des destins. Plusieurs fiançailles ont fait naufrage suite à l'ignorance.

Ma prière est que ce livre vous aide à détecter les choses qui fragilisent et détruisent les fiançailles et à les combattre.

Que Dieu vous bénisse !

BIBLIOGRAPHIE

1. Abbé François DANTEC, *Fiançailles chrétiennes*, 1961.
2. Claude PAYAN, *Réussir sa jeunesse !*, Edité par l'auteur CJP. www.google.com
3. Erin THIELE, *Comment DIEU Peut Et Restaurera Votre Mariage* Par Quelqu'un qui l'a Vécu !, Restore Ministries, 2006.
4. Gary CHAPMAN, *Ce que j'aurais aimé savoir avant de me marier*, Editions Ourania, 2010. Www.ourania.ch
5. Georges ANDRE, *La tentation et le secours divin*, www.centrebiblique.org
6. Jacob GRAF, *Problèmes de la jeunesse, du mariage et de la famille*, www.google.com
7. MARCELLO J.TUNASI, *Stratégies face à la tentation*, 2015, www.ensegnemoi.com
8. Moïse ILOKO KITUMBAMOYO, *Les 3 choses qui fragilisent et détruisent les fiançailles (Tome I)*, Edition CEME, 2020.
9. Moïse ILOKO KITUMBAMOYO, *Les 5 pas vers l'accomplissement de la destinée*, Edition la grandeur, 2021.
10. SAM HYACINTHE, *Le couple: alliance, mystères et peines*, Http://sam-hyacinthe,centrerblog.net

CONTENU

Les citations bibliques, sauf indication contraire, sont tirées de la version Louis Segond.

Tél. : +243 974 648 774 / 977 697 992
Ilokomoise20050@gmail.com

Les choses qui fragilise et détruisent les fiançailles
(Tome 2)

Printed by Books on Demand GmbH, Norderstedt / Germany